Inhalt

Design Thinker - die kommende Kreativelite denkt konsequent vom Kunden aus

Kernthesen

Beitrag

Fallbeispiele

Weiterführende Literatur

Impressum

Design Thinker - die kommende Kreativelite denkt konsequent vom Kunden aus

Harald Reil

Kernthesen

- Absolventen von Design-Thinking-Schulen erfreuen sich in der Wirtschaft zunehmender Beliebtheit.
- Kleine multidisziplinäre Teams werden in Zukunft die Innovationskultur in Unternehmen maßgeblich bestimmen.
- Design Thinker erheben bei ihrer Kreationsarbeit das kontrollierte Chaos zum Prinzip.
- Die SAP AG will bis Ende 2013 seine rund 18 000 Entwickler in Design-Thinking-

Methoden ausbilden lassen.

Beitrag

Erfolgsrezept: Man nehme vier bis sechs kreative Köpfe aus unterschiedlichen Disziplinen ...

Die Anfänge von Design Thinking lassen sich in die USA zurückverfolgen; genauer gesagt, bis nach Kalifornien und dort bis zur Stanford University, seit jeher eine der Kaderschmieden für kreative Köpfe. 1991 setzten sich die drei Professoren Terry Winograd, Larry Leifer und David Kelley zusammen, um eine Antwort auf folgende Frage zu finden: Wie stellen es Unternehmen am besten an, um Produkte oder Services zu entwickeln, die nicht nur technisch realisierbar und ökonomisch sinnvoll, sondern die vor allem so benutzerfreundlich wie möglich sind? Ihre Antwort: Die brillantesten Ideen entstehen, wenn sich vier bis sechs kreative Köpfe aus unterschiedlichen Disziplinen gemeinsam die Lösung der Aufgabe erarbeiten. Anders als bei Techniken wie der Walt-Disney-Methode oder Edward de Bonos Six Thinking Hats ist es in multidisziplinären Teams nicht erst nötig, in unterschiedliche Rollen zu schlüpfen, um eine Herausforderung aus verschiedenen Blickwinkeln zu analysieren. Dieser Ansatz scheint sich daher auch in der Wirtschaft zunehmender Beliebtheit zu erfreuen. Zumindest sind Design Thinker, die an so renommierten Schulen wie der d.school in Stanford oder der HPI School of Design Thinking in Potsdam ihren Abschluss gemacht haben, gefragte Leute. Zu den Absolventen gehören Mediziner, Betriebswirte, Mathematiker, Psychologen, Maschinenbauer, Designer, Religionswissenschaftler und Juristen. Da außerdem Großkonzerne wie die SAP AG, die Deutsche Bank oder die Deutsche Telekom Design-Thinking-Methoden bereits gezielt einsetzen, muss man kein Prophet sein, um dieser Innovationsmethode eine große Zukunft vorherzusagen. [1]

Der Wahnsinn hat Methode

In der Praxis funktioniert diese menschenzentrierte Innovationsmethode folgendermaßen: Die Design Thinker schauen sich zunächst genau an, welche Bedürfnisse bestimmte Produkte oder bestimmte Serviceangebote erfüllen sollen. Dieser erste Schritt wird nach den Entwicklern der Methode in Stanford Shadowing genannt. Der Input von Fachleuten, die ihre Kunden bestens kennen, ist in dieser Phase selbstverständlich erwünscht, ebenso wie die

Einbeziehung von Key Usern. Dann überlegt sich das multidisziplinäre Team, wie es die bestehenden Anwendungen oder Dienstleistungen verbessern kann. Dies ist der eigentlich chaotische Abschnitt des Entwicklungsprozesses. Mithilfe von Methodencoaches jonglieren die Design Thinker mit den verschiedensten Ideen. Basierend auf den Ergebnissen dieses Ideenfindungs-Prozesses entwickelt das Team einen Low-Resolution-Prototyp. Anschließend wiederholt es den Prozess, bis es verschiedene Prototypen zur Auswahl hat. Anwender validieren die Prototypen jeweils in ihrem Nutzenpotenzial, so dass man sich schrittweise über einen iterativen Prozess an immer bessere Lösungen herantastet. Der praxistauglichste setzt sich durch und wird im Idealfall zur Marktreife weiterentwickelt. [(1)](), [(2)](), [(8)]()

Design Thinking wird sich wie ein Lauffeuer in der Unternehmenslandschaft ausbreiten

Es gibt noch kaum Forschungsarbeiten, die sich mit der Frage beschäftigen, ob multidisziplinäre Teams tatsächlich bessere Lösungen erarbeiten als ihre homogen zusammengesetzten Pendants. In Potsdam und Stanford arbeiten daher 30 Wissenschaftler aus den unterschiedlichsten Disziplinen an der Klärung dieses Problems. Dennoch scheint Design Thinking auch ohne universitären Segen zur Erfolgsstory zu werden. In Deutschland arbeiten zwar zurzeit erst rund zehn Großkonzerne explizit mit dieser Methodik. Fachleute gehen aber davon aus, dass sich Design Thinking schon bald wie ein Lauffeuer in der hiesigen Unternehmenslandschaft ausbreiten wird. Ihrer Ansicht nach werden bereits in zehn Jahren mehr als 1 000 deutsche Firmen mit Design-Thinking-Methoden ihre Innovationen vorantreiben. (9)

Trends

Es ist wenig überraschend, dass Design Thinking in einer Zeit en vogue wird, in der die modernen Kommunikationstechnologien dem vernetzten Denken zur Lösung von Problemen jeglicher Art einen gewaltigen Schub geben. Wer in dieser hochkomplexen Welt bestehen will, braucht die Hilfe Anderer. Metaphorisch gesprochen, sind also Einzelkämpfer à la John Rambo auch im intellektuellen Leben schon längst passé. Der Mensch der Zukunft wird mehr denn je ein Sozialwesen sein, der ausgeprägte Soft Skills braucht, um in der Arbeitswelt mit ihren vielschichtigen Herausforderungen zu bestehen. Auf diese

Entwicklungen scheint mittlerweile auch die Pädagogik zu reagieren.

In der Bundeshauptstadt setzt zum Beispiel die Evangelische Schule Berlin Zentrum gezielt Design-Thinking-Techniken ein, um ihre Schüler an der Lösung von Problemen gemeinschaftlich zu fordern. Die Leiterin der Schule, Margret Rasfeld, hat es mittlerweile sogar zur Ansprechpartnerin der Kanzlerin in Bildungsfragen gebracht. Auch Verantwortliche der deutschen Wirtschaft haben erkannt, dass sie einen nach besonderen Leitlinien ausgebildeten Nachwuchs brauchen, wenn ihre Unternehmen in der globalisierten Welt auch weiterhin erfolgreich sein sollen. In Wolfsburg hat die Volkswagen AG eine Bildungsinitiative ins Leben gerufen, in der exzellente Schüler zusammen mit langsameren Schülern gemeinsam an der Lösung von Problemen arbeiten - weitgehend ohne Noten. Geübt wird stattdessen das vernetzte Denken. Auf dem Stundenplan stehen Fächer wie Weltgeschichte, Ästhetik oder Ökologie. Internationalität, Technik und Naturwissenschaft, Wirtschaft, aber auch Kunst, Kultur und Begabtenförderung stehen im Zentrum der Ausbildung - ein multidisziplinärer Ansatz, wie ihn auch das Design Thinking fördert und fordert. (4)

Fallbeispiele

Potsdamer HPI School of Design Thinking: Kaderschmiede für Kreative

Die Potsdamer HPI School of Design Thinking ist eine Kaderschmiede für Kreative. Die Philosophie des Instituts: Originelle Köpfe aus den verschiedensten Disziplinen arbeiten gemeinsam an Produkten und Serviceleistungen, die vor allem einen Zweck verfolgen: Sie sollen so benutzerfreundlich wie möglich sein. Die Studienplätze in Potsdam sind heiß begehrt. Das HPI hat daher seit 2007 ihre Zahl von 40 auf 120 erhöht. Die Studenten, die zurzeit am HPI studieren, kommen aus 75 unterschiedlichen Fachrichtungen und gehören 22 verschiedenen Nationen an. Betreut werden sie von einem 45-köpfigen Lehrpersonal, das ebenfalls aus unterschiedlichen Disziplinen kommt. Aufgaben erhält die Design-Elite aus der Wirtschaft, von öffentlichen Einrichtungen, Organisationen und Verbänden.

Sechs bis zwölf Wochen dauert es dann in der Regel, bis die kreativen Köpfe ihren Auftraggebern einen Vorschlag zur Lösung ihrer Probleme präsentieren. Die Erfolgsbilanz der Design Thinker kann sich sehen lassen: 70 nutzerfreundliche Lösungen haben sie im

Laufe der Jahre bereits entwickelt. Dazu gehören zum Beispiel Vorschläge für die Betreuung dementer Menschen bei der Notaufnahme ins Krankenhaus oder Home-Shopping-Services für junge Familien. Ins Leben gerufen hat die HPI School of Design Thinking der SAP-Gründer Hasso Plattner. Vorbild ist die d-School in Stanford, deren Gründung Plattner ebenfalls mit einer beträchtlichen Geldsumme gefördert hat. (1), (3)

SAP will mit Design Thinking zur innovativsten Business-Software-Firma der Welt aufsteigen

SAP setzt konsequent auf Design Thinking und will dadurch zur innovativsten Business-Software-Firma der Welt aufsteigen. Diese Marschroute haben die beiden Konzern-Chefs, Hasso Plattner und Jim Hagemann Snabe, vor kurzem in Potsdam anlässlich des fünfjährigen Jubiläums der HPI School of Design Thinking vorgegeben. SAP hat bereits vor zwei Jahren begonnen, Design-Thinking-Methoden einzuführen. Bis Ende 2013 sollen alle rund 18 000 Entwickler mit diesen Techniken vertraut sein. (6)

Creation Center für Kreative,

Think Tank für helle Köpfe

Neben der SAP AG, die als Vorreiterin in Sachen Design Thinking in Deutschland gilt, arbeiten auch andere deutsche Großkonzerne bereits mit dieser Innovationsmethodik. Die Deutsche Bank hat vor drei Jahren ein Design-Thinking-Labor in der hessischen Stadt Eschborn eingerichtet; die Deutsche Telekom unterhält seit fünf Jahren in Berlin ein Creation Center. (9)

Finnair & Marimekko - finnische Design-Offensive will hoch hinaus

Finnair und Marimekko haben sich zusammengetan, um ihre Vision von Design Thinking in die Praxis umzusetzen. Die finnische Fluglinie und der ebenfalls aus Finnland stammende Designer und Produzent von Kleidung und Haushaltswaren werden ab dem Frühjahr 2013 alle Finnair-Flugzeuge mit Textilien und Geschirr im typischen Marimekko-Style ausstatten. Schon jetzt hat Finnair eines seiner Langstreckenflugzeuge mit dem Marimekko-Markenzeichen, den berühmten Unniko-Blumen, verziert. Ein weiteres wird im Frühling nächsten Jahres folgen. Reisende können entweder während der Flüge oder in den Finnair Plus Shops eine exklusive Auswahl von Marimekko-Produkten kaufen. Die Zusammenarbeit zwischen Finnair und Marimekko ist auf drei Jahre angesetzt und soll nach dem Willen der Initiatoren mehr Freude, Gelassenheit und schöne Erinnerungen in den oft grauen Reisealltag bringen. Die Finnair-Marimekko-Kooperation ist ein Musterbeispiel für gelungenes Design Thinking: Sie orientiert sich konsequent am Kunden, ohne wirtschaftliche Interessen aus dem Auge zu verlieren. Das Ergebnis ist eine Triple-Win-Situation für alle Beteiligten. (5)

iGod Steve Jobs - Guru aller Design Thinker

Der Design Thinker par excellence und damit ein role model für alle kreativen Köpfe war sicherlich Steve Jobs. Er verkörperte wie kein anderer die Qualitäten, die alle erfolgreichen Design Thinker auszeichnen sollten: Sie denken vom Kunden aus, sie folgen verrückten Ideen, sie sind detailversessen, und sie schalten Menschen mit unterschiedlichstem Background zusammen. Vor allem aber lieben sie schlichtes, schönes und funktionales Design. (7)

Weiterführende Literatur

(1) Testlabor für eine bessere Welt
aus FAZ.NET, 24.10.2012

(2) Design Thinking Brücken schlagen
aus IO Management Nr. 5 vom 13.09.2012, Seiten 36 - 39

(3) Die originelle Elite
aus Kurier (Österreich) vom 04.10.2012, Seite B7

(4) Unternehmen lassen
aus brand eins, Heft 08/2012, S. 84-93

(5) Finnair and Marimekko Launch Design Collaboration
aus brand eins, Heft 08/2012, S. 84-93

(6) SAP schafft ein Umfeld für mehr Innovation
aus Computerwoche, 08.10.2012, Nr. 41

(7) Die Zukunft erfinden
aus Handelsblatt Nr. 193 vom 05.10.2012 Seite 080

(8) Es gibt keine Grenzen Der Leiter der Potsdamer „School of Design Thinking", Ulrich Weinberg, über das Potenzial der Methode
aus Märkische Allgemeine vom 24.10.2012, Seite GES__TAB5

(9) Kreative Querdenker
aus Absatzwirtschaft Nr. 09 vom 31.08.2012 Seite 042

Impressum

Design Thinker - die kommende Kreativelite denkt konsequent vom Kunden aus

Bibliografische Information der deutschen Nationalbibliothek

Die Deutsche Nationalbibliothek verzeichnet diese Publikation in der deutschen Nationalbibliografie; detaillierte bibliografische Daten sind im Internet über http://dnb.d-nb.de abrufbar.

ISBN: 978-3-7379-0803-0

© 2015 GBI-Genios Deutsche Wirtschaftsdatenbank GmbH, Freischützstraße 96, 81927 München, www.genios.de

Alle Rechte vorbehalten. Dieses Werk ist einschließlich aller seiner Teile – z.B. Texte, Tabellen und Grafiken - urheberrechtlich geschützt. Jede Verwertung außerhalb der Grenzen des Urheberrechtsgesetzes bedarf der vorherigen Zustimmung des Verlags. Dies gilt insbesondere auch für auszugsweise Nachdrucke, fotomechanische

Vervielfältigungen (Fotokopie/Mikroskopie), Übersetzungen, Auswertungen durch Datenbanken oder ähnliche Einrichtungen und die Einspeicherung und Verarbeitung in elektronischen Systemen.